Ling-di-long

Lefel 1: Mynediad

SWANSEA LIBRARIES

6000315955

Ling-di-long

Ling-di-long

Lefel 1: Mynediad

Heini Gruffudd
Meleri Wyn James (gol.)

Rhan o gyfres Ar Ben Ffordd

Hoffai'r Lolfa ddiolch i:

Elwyn Hughes, Cydlynydd Cyrsiau Cymraeg i Oedolion, Prifysgol Bangor

Dr Rhiannon Packer, Uwchddarlithydd Cymraeg, Addysg a Dyniaethau, Prifysgol Casnewydd

Jane Davies, Tiwtor Cymraeg i Oedolion, Canolfan Morgannwg

Lynne Davies, Swyddog Datblygu Casnewydd, Cymraeg i Oedolion, Canolfan Gwent

David Stansfield, Tiwtor Cymraeg i Oedolion, Prifysgol Caerdydd

Mark Stonelake, Swyddog Cwricwlwm ac Adnoddau, Cymraeg i Oedolion, Prifysgol Abertawe

Steve Morris, Academi Hywel Teifi, Prifysgol Abertawe am ei waith ymchw~~ar eirfa graidd~~

a chylchgrawr

CITY AND COUNTY OF SWANSEA LIBRARIES	
6000315955	
Askews & Holts	16-Jan-2018
491.668	£4.95
BR	

Cynhyrchwyd y gyfrol hon gyda chymorth ariannol
Adran AdAS Llywodraeth Cymru

Golygydd: Meleri Wyn James
Cynllun y clawr: Rhys Huws

Rhif llyfr rhyngwladol:
978 1 84771 460 2

Cyhoeddwyd, argraffwyd a rhwymwyd yng Nghymru
gan Y Lolfa Cyf., Talybont, Ceredigion SY24 5HE
e-bost: ylolfa@ylolfa.com
gwefan: www.ylolfa.com
ffôn: 01970 832 304
ffacs: 01970 832 782

Ar Ben Ffordd

Darnau difyr i ddysgwyr sy'n dechrau darllen neu'n dilyn cwrs lefel Mynediad.

Ling-di-long (idiom: at your own pace) ydy'r ail mewn cyfres o lyfrau o'r enw Ar Ben Ffordd (idiom: to help someone get started).

Mae yma amrywiaeth o ddeunydd ffeithiol a ffuglen, dwys a difyr gyda geirfa ar bob tudalen. Mae'r darnau wedi eu hysgrifennu gan arbenigwyr yn y maes dysgu Cymraeg fel Heini Gruffudd.

Elwyn Hughes, Cydlynydd Cyrsiau Cymraeg i Oedolion ym Mhrifysgol Bangor, ydy ymgynghorydd ieithyddol Ar Ben Ffordd.

Am y tro cynta, mae'r gyfres hon yn arwain dysgwyr ymlaen o'r amser pan maen nhw'n dechrau darllen (Lefel 1: Mynediad) at Lefel 2 (Sylfaen), i rai sy'n dysgu Cymraeg ers blwyddyn neu ddwy, a Lefel 3 (Canolradd), i rai sy'n fwy profiadol.

Mae'n rhan o brosiect Llyfrau Darllen Cymraeg i Oedolion AdAS ac yn ymateb i'r angen yn y maes am gyfres o lyfrau darllenadwy i roi hyder i ddysgwyr ar eu siwrnai o un cam i'r nesa.

Darllenwch y gyfres Ar Ben Ffordd i gyd: Lefel 1 (Mynediad): *Camu Ymlaen* a *Ling-di-long*; Lefel 2 (Sylfaen): *Mynd Amdani* a *Nerth dy Draed*; Lefel 3 (Canolradd): *Ar Garlam* a *Cath i Gythraul*.

Enjoyable reading material for learners who are ready to start reading in Welsh.

Ling-di-long is the second book in a new series which provides accessible reading material for learners with vocabulary on each page, written by experts in the field of Welsh for learners such as Heini Gruffudd. Elwyn Hughes from the Welsh for Adults Centre at Bangor University acts as Ar Ben Ffordd's language consultant. This is the first series of its kind which aims to start learners on the road to reading Welsh and provide them with the confidence to continue with their journey to Level 2 (Sylfaen) and Level 3 (Canolradd).

Also in the Ar Ben Ffordd series: Level 1 (Mynediad): *Camu Ymlaen*; Level 2 (Sylfaen): *Mynd Amdani* and *Nerth dy Draed*; Level 3 (Canolradd): *Ar Garlam* and *Cath i Gythraul*.

Cynnwys

Mynd i'r dosbarth nos 8

Ti'n jocan 9

Comedi Cymraeg 10

Cerdyn post 11

Prynu wyau 12

Yr Eisteddfod 13

Glaw trwy'r to 15

Gwyliau 16

Glaw trwy'r to – eto! 17

Canolfannau Cymraeg 18

Ti'n jocan 19

Mwy o gomedi Cymru 20

Doctor, doctor! 21

Llestri 1 – llestri Caerwrangon 23

Y pysgodyn drud 24

Enwau od pentrefi Cymru – Cwmgwrach 25

Llestri 2 – llestri Gwlad Pŵyl 27

Y dyn coctels 28

Canolfannau Cymraeg – Tŷ Tawe 30

Llestri 3 – cwpwrdd llestri 31

Y teulu sebon 32

Ti'n jocan 33

Pysgodyn drud arall 34

Ti'n jocan	35
Yr Urdd	36
Siocled Capten Scott	38
Enwau od pentrefi Cymru – Rhos-y-bol	40
Stori wy-ch!	42
Wythnos yn Blackpool	44
Canolfannau Cymraeg – Merthyr Tudful	45
Dyddiadur wythnos – a phum eiliad	47
Bwledi	48
Cymdeithas yr Iaith	50
Gweld hen ffrind	52
Canolfannau Cymraeg – Saith Seren	54
Cinio ar ôl capel	55
Y gath	57
Cymdogion	59
Blas ar Fwyd	61
Y byd yn cynhesu… ac yn oeri	62

gog – geiriau sy'n cael eu defnyddio yng ngogledd Cymru/ *words used in north Wales*
de – geiriau sy'n cael eu defnyddio yn ne Cymru/ *words used in south Wales*

Mynd i'r dosbarth nos

Cyn swper...

Andy: Sut wyt ti?... Sut wyt ti?... Sut wyt ti? Iawn. Dw i'n iawn. Dw i'n iawn diolch.

Ar ôl swper...

Andy: Mae'n oer heno. Ydy, ac mae hi'n wlyb... ac mae hi'n stormus... ac mae hi'n bwrw glaw.

Mae cnoc ar ddrws y stafell...

Andy: Helo?

Catrin: Helo. Beth rwyt ti'n wneud?

Andy: Dw i'n siarad.

Catrin: Gyda phwy?

Andy: Neb. Dw i'n mynd i'r dosbarth Cymraeg. Dw i'n ymarfer.

Catrin: Wyt ti'n iawn?

Andy: Dw i'n nerfus.

Catrin: Ond Andy – ti ydy'r tiwtor.

Llun: Gareth Morgan

Ti'n jocan

Ci 1: Wff wff!

Ci 2: Wff. Miaw!

Ci 1: Miaw?

Ci 2: Dw i'n dysgu iaith arall. Dw i eisiau bod yn ddwyieithog.

Geiriau

iaith – *language*
dwyieithog – *bilingual*

Llun: Huw Aaron

Comedi Cymraeg

Mae rhai pobl eisiau cael comedi stand-yp yn Gymraeg. Maen nhw'n cynnal sioeau mewn clybiau ac yn yr Eisteddfod Genedlaethol.

Erstalwm, roedd llawer o gomedi yn y Noson Lawen. Roedd pobl yn dweud jôcs rhwng y perfformiadau.

Dyma rai o'r comedïwyr Cymraeg gorau:

Ryan Davies – o Ryan a Ronnie. Buodd e farw yn ddyn ifanc.

Charles Williams – roedd e'n actio yn *Pobol y Cwm* hefyd.

Gari Williams – roedd e'n gweithio yn y clybiau yn Lloegr. Buodd e farw yn ddyn ifanc hefyd.

Ifan Gruffydd, Tregaron – mae e'n gwneud sioeau ar S4C.

Dilwyn Pierce – mae e'n dweud jôcs. Mae e'n ffermio hefyd.

Nigel Owens – mae e'n ddyfarnwr rygbi hefyd a dydy hynny ddim yn jôc!

Geiriau
cynnal – *to hold (an event)*
cenedlaethol – *national*
erstalwm – *a long time ago*
perfformiad,au – *performance,s*
gorau – *best*
buodd e farw – *he died*
dyfarnwr – *referee*

Cerdyn post

Helo 'na!

Linda Hughes dw i. Dw i'n dod o Ddinbych yn wreiddiol, ond dw i'n byw yn Comox ar Ynys Vancouver, Canada, rŵan.

Dw i'n byw yma efo fy ngŵr, Idris, ers 12 o flynyddoedd. 'Dan ni'n byw yn 'Drws y Coed' efo dwy gath, Blackie a Mali – mae'r ddwy yn deall Cymraeg yn dda iawn!

Ro'n i'n athrawes ar Ynys Môn am 17 o flynyddoedd, ond dw i ddim yn athrawes yma. Dw i'n gweithio i gwmni sy'n helpu hen bobl i symud i fyw mewn cartrefi llai. 'Dan ni'n pacio popeth mewn bocsys ac yna 'dan ni'n dadbacio popeth yn y cartref newydd.

'Dan ni'n mynd i Gymdeithas Gymraeg Victoria ar Ynys Vancouver a bob wythnos dw i'n cynnal sgwrs Gymraeg ar Skype efo Emma Reese, dysgwraig o Oklahoma. Dw i wedi cysylltu'r gliniadur â'r teledu a dw i'n gallu gwylio rhaglenni S4C ar y we.

Pob lwc efo'r Gymraeg!

Linda

Croeso i Vancouver

Geiriau

ynys – *island*
blwyddyn, blynyddoedd – *year,s*
cwmni – *company*
llai – *smaller*
dadbacio – *to unpack*
cymdeithas – *society*
wedi cysylltu – *have connected*
gliniadur – *laptop*
y we – *the internet*

Prynu wyau

Roedd y bacwn gyda fi yn y bag siopa. Doedd dim rhaid i fi dalu pum ceiniog am fag – dw i wedi dechrau cofio mynd â bag i'r dre.

Y peth nesa ro'n i eisiau oedd wyau. Dw i'n hoffi wyau o'r farchnad – wyau buarth fferm. Roedd stondin yn gwerthu wyau – wyau ffatri ac wyau fferm.

"Dwsin o wyau fferm, os gwelwch yn dda," dwedais i.

"Croeso, tair punt plîs," meddai'r fenyw.

Rhoiais i bapur deg punt i'r fenyw. Ces i newid – dim ond dwy bunt!

"Esgusodwch fi, dw i wedi rhoi papur deg punt i chi," dwedais i.

"Na, papur pum punt. Dyma fe yma yn y til," meddai hi.

"Papur deg punt oedd e, dw i'n credu."

"Na, pum punt. Dw i'n dda gydag arian. Dw i byth yn gwneud camsyniad."

Rhoiais i'r newid yn fy mag. Roedd dwsin o wyau wedi costio wyth bunt! O wel. Rhaid i fi fod yn ofalus tro nesa. Roedd y fenyw yn dda gydag arian.

Geiriau
marchnad – *market*
wy,au buarth fferm – *free range egg,s*
dwsin – *dozen*
menyw (de) = dynes (gog) – *woman*
rhoi – *to give, to put*
camsyniad – *mistake*
gofalus – *careful*

Yr Eisteddfod

'Dych chi wedi bod yn yr Eisteddfod?

Na, dw i wedi gweld yr Eisteddfod ar y teledu.

Mae'r Eisteddfod yn y De un flwyddyn, ac yn y Gogledd y flwyddyn nesa.

Beth sy'n digwydd yn yr Eisteddfod?

Mae llawer o bethau i'w gwneud ar y Maes. Gallwch chi fynd yno am y dydd… neu mae rhai yn aros am wythnos!

Mae stondinau'n gwerthu pob math o bethau. Mae llawer o bethau i'w gweld e.e. sioeau i blant ac oedolion. Mae arddangosfa fawr o luniau a phabell arbennig i ddysgwyr o'r enw Maes D.

Beth arall sy ar y Maes?

Yno mae'r pafiliwn pinc. Mae llawer o gystadlu yn y pafiliwn – canu, adrodd, dawnsio a bandiau.

A dw i wedi gweld rhywun yn eistedd mewn cadair!

Mae bardd yn ennill coron ddydd Llun ac mae bardd arall yn ennill cadair ddydd Gwener.

A dw i wedi gweld llawer o bobl mewn gwisgoedd gwyrdd, glas a gwyn.

Derwyddon ydyn nhw.

Derwyddon?

Nhw sy'n helpu'r beirdd i ddathlu ar y llwyfan. Mae dyn neu ddynes yn arwain y dathlu. Yr 'Archdderwydd' ydy e neu hi. Mae plant yn gwneud y ddawns flodau.

Wyddoch chi?:

- Dechreuodd yr Eisteddfod yn 1176, yn Aberteifi.
- Dechreuodd yr Eisteddfod Genedlaethol fodern yn Aberdâr yn 1861.

Geiriau

stondin,au – *stall,s*
arddangosfa – *exhibition*
cystadlu – *to compete*
adrodd – *to recite*
dawnsio – *to dance*
bardd – *poet*
coron – *crown*
gwisg,oedd – *costume,s*
derwydd,on – *druid,s*
dathlu – *to celebrate*
llwyfan – *stage*
arwain – *to lead*
Archdderwydd – *Archdruid*
y ddawns flodau – *floral dance*

Lluniau: Sion Jones

Glaw trwy'r to

Mis Ionawr – dw i eisiau anghofio mis Ionawr. Trwy'r wythnos gynta roedd hi'n bwrw glaw trwy'r dydd, ac wrth gwrs, roedd hi'n bwrw glaw trwy'r nos bob nos hefyd. Yn anffodus, daeth y glaw i mewn i'r tŷ. Daeth y glaw i mewn trwy'r nenfwd, a gwneud twll yn y nenfwd.

Doedd y cwmni yswiriant ddim eisiau gwybod! Ffoniais i nhw, ebostiais i nhw, ffacsiais i nhw. O'r diwedd, daeth dynion i wneud y to.

"Diolch i chi am ddod," dwedais i.

"Mae hi wedi bod yn bwrw glaw yn drwm," meddai'r dyn.

"Yn drwm iawn."

"Oes twll yn y to?"

"Oes, wrth gwrs."

"Oes dŵr yn dod trwy'r twll?"

"Oes, wrth gwrs."

"Rhaid i fi weld y twll."

Daeth y dyn i mewn i weld y twll.

"A! Mae'r dŵr yn dod i mewn trwy'r twll," meddai'r dyn.

"Ydy. Wrth gwrs!" atebais i.

Geiriau

to – *roof*
yn anffodus – *unfortunately*
nenfwd – *ceiling*
twll – *hole*
yswiriant – *insurance*
o'r diwedd – *at last*
trwm – *heavy*

Gwyliau

Mae dau hen ddyn yn siarad am y gwyliau:

Wyt ti wedi cael gwyliau da?

Ydw, gwyliau arbennig.

Sut oedd y tywydd?

Roedd y tywydd yn dda iawn – haul bob dydd.

Beth wnest ti ar y gwyliau?

Wel, dw i ddim yn cofio'n iawn – darllen, cysgu wrth gwrs.

Ble oeddet ti?

Ro'n i yn… daro, dw i ddim yn cofio.

Ffrainc?

Na, daro…

Sbaen?

Na, dw i ddim yn credu… Beth wyt ti'n galw'r planhigyn sy'n tyfu i fyny'r wal?

Planhigyn sy'n tyfu i fyny'r wal?

Ie.

Ivy, efallai.

O ie…

Mae'r hen ddyn yn galw ar ei wraig:

Ivy, ble ydyn ni wedi bod ar wyliau?

Geiriau
arbennig – *special*
daro – *damn it*
planhigyn – *plant*
tyfu – *to grow*

Glaw trwy'r to – eto!

Roedd y to'n iawn am wythnos. Ar ôl wythnos, roedd hi'n bwrw glaw eto, ac wrth gwrs, daeth y glaw i mewn i'r tŷ, ac i mewn trwy'r nenfwd, trwy'r twll yn y nenfwd.

Ffonies i'r dynion to. Ddaethon nhw ddim. Ffonies i'r swyddfa, ffonies i'r mobeil, bob dydd.

O'r diwedd, ar ôl pythefnos, daethon nhw. Edrychon nhw ar y to, ac ar y nenfwd.

"Mae'r to'n iawn – dim ond *condensation* yw e!"

"Does dim llawer o *condensation*!"

"*Condensation* yw'r broblem!"

Aethon nhw. Do'n nhw ddim wedi gwneud dim.

Wrth gwrs, daeth y glaw eto. Daeth y glaw i mewn trwy'r twll yn y nenfwd eto. Ffonies i'r dynion to. Ddaethon nhw ddim. Mae pwll gyda fi yn y gegin nawr. Dw i'n mynd i brynu pysgod nawr.

Geiriau
pythefnos – *fortnight*

Canolfannau Cymraeg

Ble 'dych chi'n dysgu Cymraeg? Mewn dosbarth yn y coleg? Mewn dosbarth yn y gwaith?

Dw i'n dysgu mewn dosbarth yn y dre.

Ble 'dych chi'n gallu siarad Cymraeg ar ôl y dosbarth?

Wel, mae'r plant yn mynd i ysgol Gymraeg.

'Dych chi'n lwcus os 'dych chi'n gallu siarad Cymraeg yn y teulu. Ble 'dych chi'n byw?

Aberafan.

Dyw hi ddim yn hawdd siarad Cymraeg yn Aberafan! Os 'dych chi'n byw yng Nghrymych neu yn Llanuwchllyn, 'dych chi'n gallu siarad Cymraeg yn y pentre.

Ond ble 'dych chi'n gallu siarad Cymraeg os 'dych chi'n byw ym Mhen-y-bont, yn y Rhyl, yn Aberdâr neu ym Mhorthcawl?

Mae'n gallu bod yn anodd. Os 'dych chi'n byw yn Abertawe, ym Merthyr neu yn Wrecsam, 'dych chi'n gallu mynd i Ganolfan Gymraeg.

Beth yw Canolfan Gymraeg?

Adeilad yn y dre lle mae pethau Cymraeg yn digwydd. Efallai dosbarthiadau, efallai siop Gymraeg, efallai tafarn.

Mae angen cael Canolfan Gymraeg ym mhob tre yng Nghymru!

Geiriau
canolfan,nau – *centre,s*
lwcus – *lucky*
hawdd – *easy*
Crymych: yng Nghrymych – *in Crymych*
Pen-y-bont: ym Mhen-y-bont – *in Bridgend*
Porthcawl: ym Mhorthcawl – *in Porthcawl*
anodd – *difficult*
adeilad – *building*
mae angen – *is needed*

Ti'n jocan

Pa gath sy'n hoffi byw yn y môr?
Octo-pws!

Beth mae tylluan yn ei wisgo yn y gaeaf?
Hwdi-hŵ!

Lluniau: Huw Aaron

Mam, mae dyn wrth y drws yn casglu at bwll nofio newydd.
Wel, cer i nôl gwydraid o ddŵr iddo fe, 'te!

Geiriau
tylluan – *owl*
casglu – *to collect*
gwydraid – *a glass of*

Mwy o gomedi Cymru

Cafodd Paul Whitehouse ei eni yn Stanleytown yng Nghwm Rhondda, yn 1959. Dechreuodd e ar y teledu ar *Harry Enfield's Television Programme*. Roedd e'n chwarae Smashie, y DJ. Roedd e yn *The Fast Show*. Roedd e'n ysgrifennu i'r rhaglen hefyd. Ysgrifennodd e'r sitcom *Happiness*. Roedd e'n actio actor canol oed ar y rhaglen.

Mae Rob Brydon yn dod o Faglan, Port Talbot, yn wreiddiol. Roedd e yn yr ysgol gyda Catherine Zeta-Jones. Roedd e'n DJ ar Radio Wales am chwe blynedd. Roedd e'n gwneud hysbysebion. Fe oedd llais Toilet Duck!

Yn ei stand-yp cynta, roedd e'n canu'r gân 'Hello' gan Lionel Richie gydag acen Abertawe.

Yn y rhaglen *Marion and Geoff* roedd e'n actio Keith, y gyrrwr tacsi. Roedd e, a ffrind arall, wedi ysgrifennu'r rhaglen.

Roedd e'n chwarae Bryn West yn *Gavin & Stacey* ac roedd e a Steve Coogan yn *The Trip* yn 2010.

Geiriau
canol oed – *middle aged*
llais – *voice*
acen – *accent*

Doctor, doctor!

Alwen: Helo, Doctor!
Doctor: Aha, Alwen. Dowch i mewn, dowch i mewn!

Alwen: Sut 'dach chi?
Doctor: Wel, dw i ddim yn teimlo'n rhy dda.

Alwen: O, diar. Doctor, ga i…?
Doctor: … dynnu'ch cot? Cewch, cewch.

Alwen: Doctor, ga i…?
Doctor: … eistedd? Cewch, cewch.

Alwen: Ond…
Doctor: Dewch, Alwen. Dw i'n brysur iawn!

Doctor: Rwan 'ta. 'Dach chi mewn poen?
Alwen: Nac ydw. Ond…

Doctor: Codwch, Alwen. Does dim byd yn bod arnoch chi!
Alwen: Dw i'n gwybod.

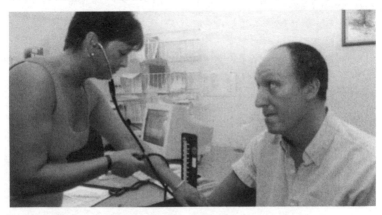

Doctor: 'Dach chi'n gwybod? Beth 'dach chi'n ei wneud yma 'ta?

Alwen: Dw i isio mynd ar fy ngwyliau.

Doctor: Aha. 'Dach chi isio pigiad teiffoid?

Alwen: Nac ydw! Ga i ofyn cymwynas?

Doctor: Beth? 'Dach chi isio presgripsiwn?

Alwen: Nac ydw. Dw i isio i chi arwyddo fy ffurflen pasport i.

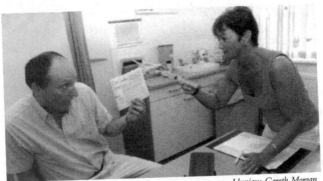

Lluniau: Gareth Morgan

Geiriau

yn rhy dda — *too well*

tynnu'ch cot — *to take off your coat*

poen — *pain*

does dim yn bod arnoch chi — *there's nothing wrong with you*

pigiad — *injection*

nac ydw — *no*

cymwynas — *favour*

arwyddo — *to sign*

ffurflen — *form*

Llestri 1 – llestri Caerwrangon

Dw i'n hoffi llestri.

A fi.

Mae dwy set o lestri gyda fi. Llestri Caerwrangon yw un set.

Llestri Caerwrangon?

Ie, Caerwrangon yw Worcester.

Dw i'n deall nawr – llestri Worcester. 'Dyn nhw wedi stopio gwneud llestri Worcester nawr?

Ydyn, yn anffodus. Mae cwpwrdd gwydr gyda fi, a dw i'n cadw llestri Caerwrangon yn y cwpwrdd. Edrych!

Maen nhw'n edrych yn neis iawn.

Ond maen nhw wedi gorffen gwneud llestri Caerwrangon.

Mae'r llywodraeth wedi rhoi arian mawr i'r banciau, arian mawr i RBS, arian mawr i Lloyds…

… ond 'dyn nhw ddim wedi rhoi arian i ffatri lestri Caerwrangon…

… ac mae'r ffatri wedi cau.

Dw i ddim yn deall y llywodraeth.

Geiriau

llestri – *crockery*
cwpwrdd – *cupboard*
gwydr – *glass*
llywodraeth – *government*

Y pysgodyn drud

Es i i siopa heddiw. Dw i'n hoffi siopa. Dw i'n gallu cerdded
i'r dre. Dim ond deg munud, a dw i yn y dre. Does dim rhaid
i fi fynd yn y car.

Heddiw, es i i'r farchnad. Ro'n i eisiau prynu cig. Ond
roedd stondin bysgod yno. Ar y stondin bysgod roedd
arwydd: Samwn cyfan am £10 – dim ond deg punt! (Dw i
ddim yn dweud 'eog'. Dw i'n dweud 'samwn'.)

Wel, prynes i'r samwn. Ond roedd y samwn yn costio
£18 – deunaw punt! Wrth gwrs, do'n i ddim wedi gweld
hanner gwaelod yr arwydd: mae dau 'dim' – '0' – mewn
wyth, '8', a dim ond top yr 8 ro'n i wedi'i weld.

O wel, tales i am y samwn – deunaw punt. Mae prynu
samwn cyfan yn rhatach na phrynu darnau o samwn. A 'dych
chi'n gallu torri'r samwn yn ddarnau a'u rhewi.

Geiriau

stondin – *stall*
arwydd – *sign*
cyfan – *whole*
eog – *salmon*
gwaelod – *bottom*
rhatach – *cheaper*
darn,au – *piece,s*
rhewi – *to freeze*

Cwmgwrach

'Dych chi'n nabod rhywun sy'n byw yng Nghwmgwrach?

Na, dw i ddim yn nabod neb yng Nghwmgwrach!

'Dych chi'n nabod rhywun enwog o Gwmgwrach?

Na, neb.

Ydych wrth gwrs – Julia Gillard.

Julia Gillard?

Ie, Prif Weinidog Awstralia.

Ydy hi'n dod o Gwmgwrach?

Na, ond roedd teulu Julia Gillard yn dod o Gwmgwrach.

Be sy yng Nghwmgwrach heddiw?

Mae tîm rygbi yno. Dechreuodd y tîm chwarae tua 1906. Yn anffodus doedd dim cae 'da nhw. Ac roedd problem 'da nhw – doedd dim tir fflat yn y cwm.

Beth wnaethon nhw?

Roedd rhaid iddyn nhw wneud y bryn yn fflat i gael cae.

Ond oes gwrach yng Nghwmgwrach?

Coel gwrachod yw hynny!

'Dych chi'n gwybod?:

- Mae Cwmgwrach yn hen. Roedd pobl yn byw yn y cwm yn yr Oes Efydd.
- Mae pwll glo Cwmgwrach wedi agor eto ers 2011.
- Roedd pyllau glo yno yn 1800. Roedd damwain yn y pwll ar 9 Mehefin 1820. Cafodd pump o bobl eu lladd. Cafodd dwy o ferched 6 a 12 oed eu lladd.

- Roedd 360 o ddynion yn gweithio ym mhwll glo Empire yn 1918.
- Mae Cwmgwrach yng Nghwm Nedd, o dan Fynydd Craig-y-Llyn a Mynydd Pen-y-cae, sy tua 600m o uchder.

Geiriau

yng Nghwmgwrach – *in Cwmgwrach*
cwm – *valley*
gwrach – *witch*
prif weinidog – *prime minister*
cae – *field*
tir – *land*
bryn – *hill*
coel gwrachod – *old wives' tale*
Oes Efydd – *Bronze Age*
pwll glo – *coal mine*
cael eu lladd – *to be killed*
o uchder – *in height*

Heol Wenallt, Cwmgwrach
Llun: © John Grayson, ond gellid ei ailddefnyddio o dan amodau trwydded y Creative Commons Licence

Llestri 2 – llestri Gwlad Pŵyl

Mae gen i set o lestri glas.

O ble maen nhw'n dod?

Mae'r llestri'n dod o Wlad Pŵyl.

Mae'r llestri glas yn llestri drud. Maen nhw'n rhad yng Ngwlad Pŵyl, ond yn ddrud yn y Bont-faen! Maen nhw'n llestri trwm. Maen nhw'n fwy trwm na llestri Caerwrangon.

Brynoch chi nhw yn y Bont-faen 'te?

Na, prynais i'r llestri mewn siop yn Gdansk. Mae siop fach yn Gdansk sy'n gwerthu llestri glas. Prynais i lot o lestri yn y siop.

Sut daethoch chi â'r llestri 'nôl i Gymru?

Rhoddodd dyn y siop y llestri mewn bag plastig.

Bag plastig?

Ie. Roedd y llestri yn drwm… a'r bag yn denau. Torrodd y bag! Ond daliodd dyn y siop waelod y bag.

Lwcus! Oedd y llestri'n iawn?

Oedden – maen nhw'n llestri trwm, da.

Geiriau
Gwlad Pŵyl – *Poland*
drud – *expensive*
rhad – *cheap*
Y Bont-faen – *Cowbridge*
tenau – *thin*

Y dyn coctels

Dyma Ian Williams. Mae e'n gweithio yn Henry's
– bar yng Nghaerdydd.

Ar Ben Ffordd: Noswaith dda, Ian.
Ian: Noswaith dda. Croeso i Henry's.

ABFf: Diolch. Beth 'dych chi'n wneud yn Henry's?
Ian: Dw i'n gwneud ryseitiau coctels.

ABFf: Pa fath o goctels?
Ian: Coctel y Ddraig Goch – the Red Dragon – coctels
Calan Gaeaf, coctel y Quay West Cooler.

ABFf: Y Quay West Cooler?
Ian: Malibu, Schnapps eirin gwlanog, Midori, fodca,
sudd oren a sudd ceirios y wern. Mae e'n neis iawn.
'Dych chi eisiau trio un?

ABFf: Diolch yn fawr… a… iechyd da!
Ian: Iechyd da!

'Dych chi'n gwybod?:
* Dechreuodd coctels adeg y *Prohibition* yn America.
* Roedd alcohol *bootleg* yn blasu'n ofnadwy.
* Roedd pobl yn cymysgu'r alcohol gyda phethau eraill.
  Yna, roedd y diodydd yn blasu'n well.

Geiriau

rysáit, ryseitiau – *recipe,s*
pa fath? – *what kind?*
Calan Gaeaf – *Halloween*
eirinen wlanog, eirin gwlanog – *peach,es*
ceirios y wern – *cranberries*
blasu – *to taste*
cymysgu – *to mix*

Canolfannau Cymraeg

Tŷ Tawe

Os 'dych chi'n byw yn Abertawe, 'dych chi'n gallu dysgu Cymraeg yn Nhŷ Tawe. Mae dosbarthiadau Cymraeg yn Nhŷ Tawe bob nos, ac mae dosbarth tair awr bob bore Sadwrn.

Beth arall sy yn Nhŷ Tawe? Mae siop Gymraeg yno ac mae 'siop siarad' Cymraeg yno bob bore dydd Sadwrn. Mae noson o ganu gwerin unwaith y mis, ar nos Wener, ac mae Côr Tŷ Tawe'n ymarfer yno bob wythnos, ar nos Fercher.

Roedd siaradwyr Cymraeg a dysgwyr Abertawe wedi dechrau ymgyrch i gael Canolfan Gymraeg yn 1982. Prynon nhw adeilad, ac agorodd Tŷ Tawe yn 1987.

Mae swyddfa Menter Iaith Abertawe yn Nhŷ Tawe, ac maen nhw'n trefnu llawer o bethau.

'Dych chi'n gallu gweld gêmau rygbi ar y sgrin fawr yn Nhŷ Tawe. Mae Merched y Wawr yn cwrdd yno hefyd.

Geiriau
canu gwerin – *folk singing*
ymarfer – *to practise*
ymgyrch – *campaign*
trefnu – *to organise*
Merched y Wawr – *Welsh women's association*

Llestri 3 – cwpwrdd llestri

Wel, doedd dim lle gyda fi i gadw'r llestri.

Ond mae cwpwrdd 'da ti?

Mae llestri Caerwrangon yn y cwpwrdd.

Ble rhoiaist ti lestri Gwlad Pŵyl, 'te?

Ro'n i'n cadw llestri Gwlad Pŵyl ar silff ffenest y gegin.

Ond dyw'r llestri ddim ar y silff ffenest nawr.

Fe brynais i gwpwrdd newydd. Wel, newydd i fi. Hen gwpwrdd yw e. Ces i'r cwpwrdd o siop y British Heart Foundation.

Dw i'n hoffi prynu celfi yno.

Cwpwrdd gwydr yw e, wrth gwrs, a silffoedd gwydr.

Faint gostiodd e?

Costiodd e £40 – deugain punt. Mae'r cwpwrdd yn edrych yn neis.

Da iawn.

Rhoiais i'r llestri ar y silffoedd gwydr, ac es i i'r gwely. Cysgais i'n dda. Codais i ac es i i'r gegin. Wel, am olygfa! Roedd silffoedd gwydr y cwpwrdd newydd wedi chwalu.

Wedi chwalu?

Ie! Agorais y drws yn ofalus.

Oedd y llestri wedi chwalu?

Na, roedd y llestri'n iawn. Ond silffoedd pren sy gyda fi nawr!

Geiriau
silff – *sill, shelf*
celfi – *furniture*
am olygfa – *what a sight*
chwalu – *to smash*
gofalus – *careful*

Y teulu sebon

Rhodri: Dw i eisiau gweld y *Simpsons*!
Mam: Wel, dw i'n mynd i wylio *Pobol y Cwm*!
Dad: Pasia siocled i fi, cariad.
Sophie: Na. Rwyt ti'n rhy fawr yn barod!

Yn sydyn!
Rhodri: O, na!
Dad: Beth sy'n bod?
Rhodri: Mae chwaraeon yn yr ysgol yfory. Rhaid i fi gael dillad chwaraeon glân!
Sophie: Wps!

Mam: Ble mae'r dillad chwaraeon?... Rhodri?
Rhodri: O dan y gwely... yn y bag chwaraeon... ers wythnos diwetha!
Dad: Ych a fi!
Rhodri: Rhaid i fi gael dillad glân.
Mam: Ond dw i wedi blino...!

Dad: Dim problem. Dw i'n mynd i olchi'r dillad.
Sophie: Ti?
Dad: Ie, pam?
Mam: Wyt ti'n gwybod ble mae'r peiriant?!
Dad: Ha, ha. Ydw, wrth gwrs... ond... mmm... ble mae'r powdr golchi'n mynd?

Geiriau
glân – *clean*

Llun: Gareth Morgan

Ti'n jocan

Cnoc, cnoc.
Pwy sy 'na?
Tudur.
Tudur pwy?
Ty'd i'r ffenest i weld!

Llun: Huw Aaron

Pysgodyn drud arall

Roedd y côr yn canu yn Rovigo, yr Eidal. Yno roedd
Carwyn James wedi hyfforddi'r tîm rygbi. Mae pawb yn
Rovigo yn cofio am Carwyn James.

Un diwrnod, aeth y côr i Fenis. Rhaid i bawb fynd i Fenis.
Mae'n lle hollol arbennig.

Roedd bwyd yn Fenis yn ddrud iawn, ond ffeindion ni
fwyty bach neis – wrth y gamlas, wrth gwrs.

Do'n ni ddim yn gallu fforddio llawer o fwyd. Ond ar y
fwydlen roedd pizza'n costio deg ewro. Pizza i bawb felly.

Ond, na, dyma Siân yn gweld pysgodyn – a dim ond saith
ewro!

Daeth y pizzas – ro'n nhw'n flasus iawn chwarae teg, a'r
gwin yn dda hefyd.

Wedyn daeth y pysgodyn – pysgodyn mawr, a phlât o
lysiau, digon o datws, moron, brocoli a phys i ddau neu dri
pherson.

"Dw i'n mynd i ysgrifennu i Tripadvisor am y bwyty
yma," meddai Siân. "Dw i ddim wedi cael bwyd da fel hyn
mor rhad o'r blaen!"

Wrth gwrs, daeth y bil. Deg ewro i ni, a phump ewro am
y gwin. A daeth bil Siân. Aeth wyneb Siân yn welw. Pedwar
deg ewro!

"Esgusodwch fi," meddai Siân wrth y gweinydd. "Saith
ewro yw'r pysgodyn."

"'Dych chi'n iawn," meddai'r gweinydd. "Saith ewro am
100 gram. Roedd y pysgodyn yn pwyso 500 gram – tri deg
pump ewro, a phump ewro am y gwin – pedwar deg ewro."

"O wel," meddai Siân. "Roedd y bwyd yn dda. Ond dw i
ddim yn mynd i ysgrifennu i Tripadvisor!"

Geiriau
hyfforddi – *to train*
hollol arbennig – *quite special*
bwyty – *restaurant*
camlas – *canal*
fforddio – *to afford*
blasus – *tasty*
o'r blaen – *before*
wyneb – *face*
gwelw – *pale*
gweinydd – *waiter*
pwyso – *to weigh*

Ti'n jocan

Seren: Wyt ti eisiau swper?
Lleuad: Na. Dw i'n llawn!

Llun: Huw Aaron

Geiriau
lleuad – *moon*
llawn – *full*

'Dych chi wedi gweld y symbol yma?

Ydw, pan oedd Steddfod yr Urdd yn Abertawe.

Aethoch chi i'r Steddfod?

Do. Roedd llawer o blant yno.

Ond beth ydy'r Urdd?

Mudiad i blant a phobl ifanc ydy e.

Beth maen nhw'n wneud?

Mae gwersyll gyda nhw yn Llangrannog.

Gwersyll?

Ie, mae plant yn gallu mynd yno, a theuluoedd. Maen nhw'n gallu sgïo, nofio, dringo, gyrru go–carts...

A ble mae Llangrannog?

Yng Ngheredigion. Ac mae gwersyll gyda nhw yng Nglan-llyn.

Ble mae Glan-llyn?

Mae Glan-llyn ar Lyn Tegid, yn agos i Lanuwchllyn.

Llyn Tegid?

Llyn y Bala i ti.

Ac yno maen nhw'n dringo, nofio...?

Wrth gwrs, a rhwyfo, hwylio...

Does dim byd gyda nhw ym Morgannwg?

Oes wrth gwrs. Mae gwersyll gyda nhw yn y Bae yng Nghaerdydd.

Iawn! Trueni 'mod i ddim yn ifanc!

'Dych chi'n gwybod?:

- Dechreuodd yr Urdd yn 1922.
- Mae 1,500 o glybiau gyda nhw dros y wlad, mewn ysgolion ac mewn pentrefi.
- Mae 50,000 o aelodau gyda nhw.

Geiriau

Yr Urdd – *Welsh League of Youth*
mudiad – *movement*
gwersyll – *camp*
rhwyfo – *to row*
hwylio – *to sail*
bae – *bay*
trueni – *pity*
aelod,au – *member,s*

Plant yr Urdd yn mwynhau

Siocled Capten Scott

Mae Barry Penney o Lanbed yng Ngheredigion wrth
ei fodd gyda siocled. Ond mae un tun o bowdr siocled
arbennig iawn gyda fe a dydy e ddim yn bwyta allan o'r
tun yna!

Unwaith, roedd Barry Penney yn gweithio i gwmni
Cadbury. Ei waith e oedd blasu'r siocled. Ond dydy e
ddim eisiau blasu'r siocled yn y tun arbennig.

Pam?

Mae'r tun yn hen iawn – mae e bron yn 100 oed.
Mae'r tun wedi dod o'r Antarctig, o Begwn y De.
Roedd y tun gyda Capten Robert Falcon Scott ar ei daith
enwog i Begwn y De.

Ar ôl i'r dynion farw, daeth pobl eraill o hyd i'r tun
gyda'u bwyd nhw. Anrheg
i Scott gan gwmni Cadbury
oedd y tun yn wreiddiol. A
dyna sut daeth y tun i ddwylo
Barry Penney. Efallai y bydd y
tun yn mynd i amgueddfa yn y
dyfodol.

"Mae'r coco mewn hen
dun," meddai Barry Penney.
"Mae ychydig o rwd ar y tun.
Roedd Capten Scott a'r dynion
yn yfed coco fel diod
boeth i'w cynhesu
nhw yn yr oerfel.
Roedd coco yn
eu cynhesu nhw
am oriau."

Ffeithiau melys!

- Mae coco yn dod o'r goeden coco.
- Daeth Christopher Columbus o hyd i goco yn 1502. Roedd e ar ei daith olaf i'r Americas.
- Mae fferm siocled yng Nghymru – yn Llanboidy yn Sir Gaerfyrddin.

Geiriau

wrth ei fodd – *he loves*
Pegwn y De – *the South Pole*
dod o hyd i – *to find*
rhwd – *rust*
cynhesu – *to warm*
yr oerfel – *the cold*
olaf – *last*

'Dych chi'n gwybod?:

- Roedd un o dîm Capten Scott yn Gymro. Buodd y dynion – Scott, Wilson, Oates, Bowers a'r Cymro, Evans – farw ar eu taith yn ôl.
- Roedd llong Scott wedi cychwyn o Gaerdydd ar ei thaith i Begwn y De.

Rhos-y-bol

'Dyn ni wedi cyrraedd Rhos-y-bol.

Y Bol?

Ie, enw od iawn.

'*Belly*' yw 'bol' neu 'bola'.

Wel, mae'r tir o gwmpas Rhos-y-bol yn edrych fel 'bol'.

Beth am Rhos-y-bol 'te?

Pentre gweithwyr copor oedd Rhos-y-bol.

Oedd gwaith copor yno?

Oedd. Roedd gwaith copor ar Fynydd Parys, ac roedd rhai o'r gweithwyr yn byw yn Rhos-y-bol. Mae llawer o dai gwyliau yn Rhos-y-bol heddiw.

Faint o bobl oedd yn gweithio yn y gwaith copor?

Roedd tua 200 o bobl yn gweithio yn y gwaith copor, ond does dim llawer o bobl yn gweithio yno heddiw.

Does neb yn gweithio yma heddiw – dim ond tai gwag sy yma!

Ond mae copor yn y mynydd, a zinc, aur ac arian.

Beth am fynd i chwilio am yr aur a'r arian?

Yfory, efallai!

Twll Mawr, Mynydd Parys
Llun: © *Eric Jones, ond gellid ei ailddefnyddio o dan amodau trwydded y Creative Commons Licence*

'Dych chi'n gwybod?:

- Roedd pobl wedi dechrau cael copor o Fynydd Parys yn yr Oes Efydd, 3,500 o flynyddoedd yn ôl, ac roedd y Rhufeiniaid wedi bod yno hefyd.
- Roedd gweithfeydd copor Abertawe'n defnyddio copor o Fynydd Parys.

Geiriau

o gwmpas – *around*
gweithiwr, gweithwyr – *worker,s*
copor – *copper*
tŷ, tai gwyliau – *holiday home,s*
chwilio am – *to look for*
aur – *gold*
arian – *silver*
Rhufeiniwr, Rhufeiniaid – *Roman,s*

Stori wy-ch!

Siân: Dewch yma, ieir bach... dewch yma...

Menna: Efo pwy wyt ti'n siarad, Siân?

Siân: Dw i'n siarad efo'r ieir!

Menna: Ieir?!

Siân: Ie, dw i'n cadw dwy iâr rŵan. Dw i isio wyau – llawer o wyau.

Siân: Helo ieir bach... Sut 'dach chi heddiw?... Oes wyau i mi?... O, na! Dim un wy!

Menna: Wel, Siân, wyt ti'n mynd i gael omlet i ginio?

Siân: Y, na. Dim heddiw. Ond un diwrnod dw i'n mynd i gael omlet fawr iawn!

Siân: Faint o wyau sy yma heddiw, tybed?... O, na... Dim un eto! Dw i ddim yn deall.

Menna: Ydy'r omlet yn barod eto?

Siân: Nac ydy, dim eto. Ond mae hi'n mynd i fod yn omlet arbennig iawn. Mae'r ieir yma'n arbennig iawn. Maen nhw'n siwpyr-ieir.

Siân: Hwrê! Wyau o'r diwedd! Dau…, tri…, pedwar…,
            pump… Bobl bach, mae dwsin o wyau yma!
            Anhygoel! Menna! Wyt ti'n barod am dy omlet!
            Fel dwedais i – mae'r ieir yma'n siwpyr-ieir!

Menna: Beth sy'n bod?

Siân: Edrycha – dwsin o wyau oddi wrth y siwpyr-ieir!
            Mae'n anhygoel!

Menna: Mae gen i rywbeth i'w ddangos i ti, Siân.

Siân: Beth?… Bocs wyau… Ond ble mae'r wyau?

Menna: Jôc, Siân fach. Dydy'r wyau yna ddim wedi dod
            o'r siwpyr-ieir. Maen nhw wedi dod o'r siwpyr-
            market!

Lluniau: Gareth Morgan

Geiriau
gwych – *wonderful*
iâr, ieir – *hen,s*
anhygoel – *incredible*
dangos – *to show*

Wythnos yn Blackpool

Roedd hen ddyn wedi bod am wythnos yn Blackpool. Roedd hi'n wythnos braf iawn.

Buodd e'n eistedd yn yr haul, yn darllen y papur, yn edrych ar y gwylanod.

Pan aeth e adre, roedd lliw da arno fe.

Ond o diar, buodd e farw.

Ar ôl diwrnod neu ddau, roedd ei wraig yn edrych arno fe yn ei arch. Roedd e'n edrych yn hapus, ac roedd lliw da arno fe.

Daeth ffrindiau i'r tŷ i weld y corff.

Mae e'n edrych yn hapus.

Ydy.

Mae lliw da arno fe.

Oes. Fe wnaeth Blackpool fyd o les iddo fe.

Geiriau

gwylan,od – *seagull,s*
arch – *coffin*
corff – *body*
byd o les – *a world of good*

Canolfannau Cymraeg

Merthyr Tudful

Pryd dechreuodd Canolfan Gymraeg Merthyr?

Ar ôl Eisteddfod yr Urdd, 1987, aeth pobl ati i ddechrau Canolfan Gymraeg.

Beth wnaethon nhw?

Codon nhw arian, ac wedyn agoron nhw siop y Ganolfan yn 1992.

Roedd rhaid iddyn nhw weithio'n galed.

Oedd, ro'n nhw'n rhedeg y siop eu hunain.

Beth ddigwyddodd wedyn?

Daeth Menter Iaith Merthyr i'r Ganolfan.

Menter Iaith?

Roedd Bwrdd yr Iaith Gymraeg yn rhoi arian i ddechrau mentrau iaith ym mhob rhan o Gymru. Maen nhw'n trefnu gweithgareddau Cymraeg.

Ond mae Canolfan Gymraeg Merthyr wedi tyfu!

Ydy. Roedd Liz McLean yn arwain y Fenter, a chafodd y Fenter grant o £1,381,378 i foderneiddio'r Ganolfan.

Mwy na miliwn?

Ie, a nawr mae neuadd yno, a stafelloedd dysgu, a chaffe Cymraeg. Mae meithrinfa yno, a swyddfa'r Fenter Iaith a'r Urdd.

Ond mae theatr yno hefyd?

Maen nhw wedi prynu'r capel wrth y Ganolfan, ac mae'r capel nawr yn theatr ac yn ganolfan berfformio.

Wel da iawn, Liz!

Ac mae llawer o bobl yn defnyddio'r Ganolfan. Maen nhw'n cynnal boreau coffi, nosweithiau i bobl ifanc a nosweithiau sgwrsio.

Geiriau
mynd ati – *to set about*
eu hunain – *themselves*
menter iaith – *Welsh language initiative*
rhan – *part*
gweithgaredd,au – *event,s*
arwain – *to lead*
moderneiddio – *to modernize*
meithrinfa – *nursery*

Dyddiadur wythnos – a phum eiliad

Dydd Sul, dydd Llun, dydd Mawrth
Mi es rownd y byd am dro,
Dydd Mercher, dydd Iau, dydd Gwener
Mi wnes yr un peth 'to.
Dydd Sadwrn es i rownd y ffordd arall
Rhyw unwaith neu ddwywaith neu dair,
Saith diwrnod yn llawn o ddifyrrwch
Yn nyddiadur pysgodyn bach aur.

Geiriau
dyddiadur – *diary*
eiliad – *second*
byd – *world*
difyrrwch – *entertainment*
pysgodyn aur – *goldfish*

Bwledi

Ro'n i ar y trên, yn mynd i Rufain, yn gwneud y *grand tour*.
Ar y trên roedd Americanwr yn siarad â dwy ferch o Brasil.

Americanwr: Dw i wedi bod i Pompei, a dw i'n mynd i Fenis.
Merched o Brasil: Da iawn, ble 'dych chi'n aros yn Fenis?

A: O, ddim yn bell o bont Rialto.
M: 'Dyn ni'n mynd i Fenis wythnos nesa.

A: Rhaid i chi ddod i 'ngweld i. Os 'dych chi ar bont
Rialto, ewch i'r chwith, cymryd yr ail dro ar y dde,
wedyn yn syth ymlaen, dros y gamlas...
M: Bydd yn neis eich gweld chi yn Fenis.

A: 'Dych chi yn y coleg?
M: Ydyn, 'dyn ni'n astudio celf. 'Dyn ni wedi dod i'r Eidal i
weld darluniau. 'Dych chi yn y coleg?

A: Ydw, dw i'n astudio hanes.
M: Hanes y byd?

A: Na, hanes America, o'r rhyfel cartre hyd heddiw, bron
dau gan mlynedd o hanes.
M: Ond 'dych chi ddim yn astudio hanes Ewrop a'r byd?

A: Wel, ydw, tipyn bach, a dweud y gwir, 'dyn ni'n astudio
hanes y byd mewn pwyntiau bwled.

Ie, meddyliais i, pwyntiau bwled yn Affganistan, pwyntiau bwled yn Irác, pwyntiau bwled yn Pacistán, pwyntiau bwled yn Fiet–nam. Mae America wedi astudio'r byd mewn pwyntiau bwled ers amser maith.

Geiriau
bwled,i – *bullet,s*
Americanwr – *American*
pont – *bridge*
ail – *the second*
camlas – *canal*
astudio – *to study*
celf – *art*
darlun,iau – *picture,s*
hanes – *history*
rhyfel cartre – *civil war*
bron – *almost*
a dweud y gwir – *to tell the truth*
pwynt,iau bwled – *bullet point,s*
amser maith – *a long time*

Cymdeithas yr Iaith

Wyt ti wedi clywed y newyddion am Ifan Bifan?

Ifan Bifan?

Ie, mae e yn y carchar.

Pam?

Doedd e ddim wedi talu bil ffôn.

Pam?

Roedd y bil yn Saesneg.

Ydy e'n deall Saesneg?

Ydy, wrth gwrs. Ond roedd e eisiau bil Cymraeg.

Beth am ofyn am un Cymraeg 'te?

Does dim biliau Cymraeg i gael bob tro.

Dydy hynny ddim yn deg.

Na. Dyna pam dydy pobl fel Ifan Bifan ddim yn talu biliau. Maen nhw eisiau biliau Saesneg a Chymraeg.

O. Dw i'n dechrau deall nawr.

Mae Ifan Bifan yn aelod o Gymdeithas yr Iaith. Mae Cymdeithas yr Iaith eisiau statws swyddogol i'r Gymraeg. Dros y blynyddoedd mae llawer o aelodau Cymdeithas yr Iaith Gymraeg wedi mynd i'r carchar dros yr iaith.

'Dych chi'n gwybod?:
- Dechreuodd Cymdeithas yr Iaith Gymraeg yn 1962.
- Mae cannoedd o aelodau Cymdeithas yr Iaith wedi bod yn y carchar am brotestio dros yr iaith Gymraeg.
- O achos gwaith Cymdeithas yr Iaith mae'r Gymraeg wedi dod yn iaith swyddogol.
- Ar ôl peintio arwyddion ffordd Saesneg, mae arwyddion ffordd Cymru'n awr yn ddwyieithog.
- Mae radio Cymraeg a sianel deledu Gymraeg gyda ni.

Geiriau

Cymdeithas yr Iaith – *the Welsh Language Society*
newyddion – *news*
carchar – *prison*
bob tro – *always*
teg – *fair*
statws – *status*
swyddogol – *official*
arwydd,ion ffordd – *road sign,s*
dwyieithog – *bilingual*

Llun: Rhys Llwyd

Gweld hen ffrind

Mae Facebook wedi gwneud y byd yn fach. 'Dych chi'n gallu ffeindio ffrindiau – a hen ffrindiau. Ces i sioc bore 'ma ar Facebook. Dyma'r negeseuon:

- Helo, wyt ti'n fy nghofio i?
- Maria Schmidt?
- Ie, ro'n i yn ysgol Glan-yr-afon yn 1995.
- Wrth gwrs, ti oedd yr Assistentin Almaeneg!
- Sut wyt ti nawr?
- Mae'r blynyddoedd wedi hedfan!

Wrth gwrs, mae'r blynyddoedd wedi hedfan. Dw i wedi bod i'r coleg, dw i wedi cael swydd, dw i wedi priodi, ac mae dau o blant 'da fi.

Roedd Maria'n ferch hyfryd. Ro'n i yn nosbarth chwech. Roedd hi'n ifanc. Roedd hi'n ddau ddeg un, ac ro'n i'n un deg wyth. Wel, ro'n ni'n mynd allan gyda'n gilydd. Ro'n ni'n mynd i'r sinema ac ro'n ni'n mynd i gael bwyd yn y dre. Ro'n i'n gallu gyrru car. Ro'n ni'n mynd am dripiau yn y car i lan y môr. Roedd yr haf yn hir, ac fe gawson ni amser da.

- Dw i wedi dod 'nôl i Gymru!
- Beth?
- Dw i wedi bod yn dysgu Cymraeg ar y we, a nawr dw i wedi dod 'nôl i Gymru.
- Da iawn.

Wel, roedd hynny'n newyddion da. Chwarae teg i Maria. Mae hi'n ferch ddeniadol iawn. Dw i'n cofio'i hwyneb, ei llygaid, ei gwefusau…

- A dw i yn Nhreforgan heddiw!
- Treforgan?
- Ie! Rwyt ti'n byw yn Nhreforgan!
- Sut wyt ti'n gwybod?
- Mae dy gyfeiriad di ar Facebook. A dw i wedi ffeindio dy dŷ di ar Google Earth.
- Da iawn.

Da iawn? Do'n i ddim yn teimlo'n dda iawn. Ydy Maria'n mynd i alw?

- Ydyn ni'n gallu mynd allan heno?
- Heno?
- Ie, dw i'n gallu galw yn y tŷ, neu wyt ti'n gallu dod allan?
- Wel, ie, ym…
- Ac mae Hans gyda fi.
- Hans?
- Ie, mae e'n un deg saith. Dw i ddim wedi dweud wrthot ti am Hans. Rhaid i ti weld Hans! Mae e'n edrych fel ti.

Geiriau
Almaeneg – *German*
swydd – *job*
gyda'n gilydd – *together*
glan y môr – *seaside*
deniadol – *attractive*
gwefus,au – *lip,s*
dweud wrthot ti – *to tell you*

Canolfannau Cymraeg

Saith Seren

Mae Saith Seren, Wrecsam, yn ganolfan newydd. Agorodd
Saith Seren ar 25 Ionawr 2012. Mae pobl Wrecsam wedi
bod yn codi arian, ac maen nhw wedi dechrau gweithio ar yr
adeilad. Mae bar yno, ac mae'r cwrw'n dda. 'Dach chi'n gallu
cael bwyd yno hefyd.

Mae nosweithiau Cymraeg yno'n gyson. Bydd llawer o
ddosbarthiadau dysgu Cymraeg yno yn y dyfodol, pan fydd y
stafelloedd dysgu'n barod.

Mae chwech o bobl yn gweithio yn y ganolfan.

Mae Saith Seren yn lle da i bobl Wrecsam ddod i siarad a
mwynhau sgwrs – yn Gymraeg wrth gwrs.

Mae Wrecsam yn agos at y ffin â Lloegr, a dydy'r rhan
fwya o bobl ddim yn gallu siarad Cymraeg. Dyna pam mae'n
bwysig i Saith Seren lwyddo. Mae'n rhoi lle i'r Gymraeg
mewn ardal Saesneg.

Geiriau
codi arian – *to raise money*
yn gyson – *regularly*
agos at y ffin – *near to the border*
y rhan fwya – *most*
dyna pam – *that's why*
llwyddo – *to succeed*
ardal – *area*

Cinio ar ôl capel

Edrychais i ar y bobl yn y capel. Pobl mewn siwtiau da. Ond sut mae pobl o dan y dillad? Mae problemau gan bawb.

Roedd hi'n ddiwrnod braf. Es i i'r dre, ac eistedd mewn caffi ar y stryd i gael cinio. Yn sydyn, daeth dyn ata i, dyn tua 35 oed. Roedd e'n gwisgo jîns a doedd e ddim yn lân iawn.

"Helo!" meddai fe. "Dw i ddim wedi gweld ti ers amser!"

Roedd e'n siarad Cymraeg. Sut oedd e'n gwybod 'mod i'n siarad Cymraeg?

"Ti'n cofio fi yn yr ysgol?" gofynnodd e.

"Wrth gwrs," atebais i.

(Do'n i ddim yn cofio.)

"Beth yw dy enw di?" gofynnais i.

"Dylan, Dylan Jones, ti wedi dysgu Cymraeg i fi."

"Yn Ysgol Ystrad?"

"Ie."

"Be ti'n neud nawr?"

"Dim lot, fi wedi colli job, dim arian, fi ar y stryd."

"Ar y stryd?"

"Wel, oedd *girlfriend* 'da fi, ond mae hi wedi taflu fi mas."

"Daro. Wyt ti wedi meddwl am werthu *Big Issue*?"

"Fi wedi trio, ond fi ddim yn cael gwerthu'r papur nawr."

(Roedd e'n edrych ar y bwyd ar fy mhlât i.)

"Wyt ti am gael cinio 'da fi?" gofynnais i.

"Na, fi ddim eisiau cinio."

"Mae pum punt 'da fi fan hyn i ti."

"Does dim lle 'da fi i gysgu heno."

(Oedd e am ddod adre gyda fi?)

"Fi am gael lle mewn hostel ar y prom."

"Wel, dyma ugain punt i ti."

"Grêt."

Yna'n sydyn, gwaeddodd rhywun arno. Aeth e at ei ffrind, gyda'r ugain punt.

Roedd ugain punt yn rhad. Fydda i ddim yn mynd i'r caffi yna eto. Capel dydd Sul nesa?

Geiriau

o dan — *under*
yn sydyn — *suddenly*
taflu — *to throw*
cael gwerthu — *to be allowed to sell*
ugain — *twenty*
gweiddi — *to shout*

Y gath

Roedd Ifan wedi dod adre o'r gwaith yn gynnar. Doedd e ddim yn teimlo'n dda. Parciodd y car yn y dreif, a daeth allan o'r car.

Pan ddaeth e allan o'r car, gwelodd e'r gath. Roedd y gath ar y llawr, wedi marw. Roedd car wedi mynd dros y gath.

Aeth Ifan i'r garej i gael rhaw. Claddodd y gath yn yr ardd. Doedd Ifan ddim yn teimlo'n dda. Aeth e i'r gwely.

Daeth Mair, gwraig Ifan, adre o'r gwaith.

"Helo, Ifan! Ble wyt ti?"

"Dw i ddim yn teimlo'n dda iawn. Dw i yn y gwely."

"Be sy'n bod?"

"Dw i'n iawn. Ond mae'r gath wedi marw."

"O na! Y gath wedi marw? Mae hynny'n ofnadwy!"

"Ydy."

"Ac rwyt ti'n greulon. Mae'n sioc enfawr! Rwyt ti wedi rhoi sioc enfawr i fi!"

"Mae'n flin 'da fi, ond mae'r gath wedi marw."

"O! Rhaid i fi eistedd. Rhaid i fi gael dŵr. Dw i wedi cael sioc!"

"Mae'n flin 'da fi."

"Rhaid i ti ddweud pethau'n araf – dweud bod y gath ar y to, bod y gath wedi cwympo, dweud bod y gath yn sâl, wedyn dweud bod y gath wedi marw."

"Iawn, popeth yn iawn, blin 'da fi."

Yr wythnos nesa, daeth Ifan adre o'r gwaith, daeth e'n gynnar eto. Doedd e ddim yn teimlo'n dda. Aeth e i mewn i'r tŷ. Yn y gadair roedd Mavis, mam Mair. Roedd hi wedi marw. Doedd Ifan ddim yn gwybod beth i'w wneud.

Daeth Mair, gwraig Ifan, adre o'r gwaith.

"Helo, Ifan! Ble wyt ti?"

"Dw i yn y lolfa. Ond mae dy fam ar y to."

Geiriau

llawr – *floor*
rhaw – *spade*
claddu – *to bury*
creulon – *cruel*
enfawr – *huge*
mae'n flin 'da fi (de) = mae'n ddrwg gen i (gog) – *I'm sorry*
cwympo – *to fall*

Cymdogion

Dw i wedi symud tŷ i Gaerdydd. Dw i ddim yn nabod y cymdogion eto. Mae tad a mam yn byw drws nesa, ac mae tri o blant 'da nhw. Maen nhw'n deulu bach neis. 'Dyn nhw ddim yn gwneud llawer o sŵn. Maen nhw'n dawel iawn.

Ond un prynhawn, roedd Abertawe'n chwarae Caerdydd ar y teledu. Gêm bêl-droed oedd hi. Gêm cwpan yr FA, ond nid y rownd derfynol.

Ro'n i'n gweithio yn yr ardd, ac ro'n i'n gallu clywed y teledu o drws nesa. Yn sydyn roedd gweiddi mawr. Roedd y cymdogion yn gweiddi, yn dathlu – roedd rhywun wedi sgorio.

Es i i mewn i'r tŷ i weld pwy oedd wedi sgorio. Ar y teledu roedd dynion mewn crysau coch yn neidio ac yn dawnsio. Roedd un o'r dynion mewn coch wedi sgorio. Daro, roedd Caerdydd yn ennill.

Felly es i 'nôl i'r ardd, i weithio. Dw i'n hoffi gweithio yn yr ardd. Mae llawer o goed 'da fi. Rhaid i fi dorri'r coed a'r lawnt.

Ond wedyn, roedd y cymdogion yn gweiddi eto, ac yn dathlu eto. O wel, Caerdydd yn ennill.

Es i i mewn i'r tŷ eto. Roedd y dynion mewn coch yn neidio ac yn dawnsio – ac ro'n i'n clywed y cymdogion yn dathlu.

Wedyn gwelais i'r sgôr. Abertawe 2, Caerdydd 0. Abertawe oedd yn gwisgo'r crysau coch! Wrth gwrs! Maen nhw'n gwisgo crysau coch pan maen nhw'n chwarae oddi cartre!

Dw i'n credu bydda i'n hoffi'r bobl drws nesa...

Geiriau

cymydog, cymdogion – *neighbour,s*
rownd derfynol – *final round*
gweiddi – *to shout*
dathlu – *to celebrate*
crys,au – *shirt,s*
neidio – *to jump*
ennill – *to win*
coeden, coed – *tree,s*
lawnt – *lawn*
oddi cartre – *away, away from home*

Blas ar Fwyd

Ar Ben Ffordd: Helo, Deiniol!
Deiniol ap Dafydd: Helo!

ABFf: Pam agor delicatessen Blas ar Fwyd?

DapD: Ro'n i isio gwerthu bwyd da am bris teg. 'Dan ni'n arbenigo ar fwyd a diod o Gymru.

ABFf: Mae gynnoch chi siop yn Llanrwst a 'dach chi'n gwerthu bwyd ar y we. Ydy hi'n bosib prynu bwyd mewn siopau eraill?

DapD: Ydy. Mae'n bosib prynu potiau salad, teisennau caws a chawliau cartre yn siopau Spar.

ABFf: Mae gynnoch chi dŷ bwyta hefyd.

DapD: Oes, mae gynnon ni dŷ bwyta o'r enw Amser Da. 'Dan ni'n gwneud bwyd i briodasau ac achlysuron arbennig. 'Dan ni'n gwneud bwyd i giniawau busnes ac ar leoliad i gwmnïau ffilm hefyd.

ABFf: A beth am Blas ar Win?

DapD: Mae Blas ar Win yn gwerthu gwinoedd a gwirodydd da. 'Dach chi'n gallu prynu diodydd o Gymru fel gwin Cariad a wisgi Penderyn.

Geiriau

pris teg – *fair price*
arbenigo – *to specialize*
cawl,iau – *soup,s*
cartre – *home-made*
priodas,au – *wedding,s*
achlysur,on – *event,s*
cinio, ciniawau – *dinner,s*
ar leoliad – *on location*
gwirod,ydd – *spirit,s*

Y byd yn cynhesu... ac yn oeri

Beth sy'n bod ar y tywydd?
Mae'r byd yn cynhesu. Ond mae rhannau o'r byd yn oeri.
Mae'r tywydd yn mynd yn fwy eithafol. Sut? Mae mwy o
stormydd ac eira mawr.

Beth sy'n dda am yr eira?
- Mae popeth yn edrych yn hardd.
- Mae'r plant yn hapus – does dim ysgol.
- Mae'r plant yn hapus – maen nhw'n chwarae yn yr eira.
- Mae rhai oedolion yn hapus hefyd – maen nhw'n sgïo neu'n mynd ar sled.
- Mae pobl yn cerdded yn lle mynd yn y car.
- Mae pobl yn gweld ei gilydd ar y stryd.
- Maen nhw'n siarad â'i gilydd.

Beth sy'n ddrwg am yr eira?
- Mae popeth yn dod i stop.
- Mae ysgolion a swyddfeydd yn cau.
- Mae busnesau'n colli arian.
- Mae'n beryglus – yn arbennig i hen bobl.
- Mae'r gwres yn torri. Mae pibell ddŵr yn torri.
- Mae'n costio llawer o arian i'r wlad.

Dyma'r cwestiwn: Ydy hi'n iawn gwario arian ar baratoi am eira bob blwyddyn? Neu, ydy hi'n well gwario llai a chael problemau mawr unwaith bob 30 mlynedd?

Pryd oedd yr eira mawr diwetha? Mis Ionawr 2010. Roedd mwy na 1,000 o ysgolion Cymru ar gau. Dyma'r eira a'r tywydd oer gwaetha ers 1982, medden nhw.

Yr ateb: Rhaid i ni newid beth bynnag, efallai. Mae mwy o stormydd yn dod, meddai'r gwyddonwyr. Felly, rhaid i ni wario arian i baratoi.

Mae pobl yn dweud: "Edrychwch ar Norwy. 'Dyn nhw ddim yn cael problemau yn yr eira. Edrychwch ar Rwsia. 'Dyn nhw ddim yn cael problemau yn yr eira."

Ond mae'r gwledydd yna'n cael eira mawr bob gaeaf. Maen nhw'n paratoi. Maen nhw'n gwario arian ar baratoi.

Geiriau

cynhesu – *getting warmer*
rhan,nau – *part,s*
eithafol – *extreme*
hardd – *beautiful*
oedolyn, oedolion – *adult,s*
sled – *sledge*
ei gilydd – *each other*
colli – *to lose*
peryglus – *dangerous*
yn arbennig – *especially*
gwres – *heating*
pibell – *pipe*
gwlad, gwledydd – *country, countries*
gwario – *to spend*
paratoi – *to prepare*
gwaetha – *worst*
gwyddonydd, gwyddonwyr – *scientist,s*

Mae chwe llyfr yn y gyfres Ar Ben Ffordd i gyd.
Mae llyfr arall i ddarllenwyr Lefel Mynediad, sef
Camu Ymlaen. Yna, gallwch chi fynd ymlaen i
ddarllen y ddau lyfr Lefel Sylfaen, *Mynd Amdani* a
Nerth dy Draed:

y lolfa

TALYBONT, CEREDIGION, CYMRU SY24 5HE
e-bost: ylolfa@ylolfa.com
y we: www.ylolfa.com
ffôn: 01970 832304
ffacs: 01970 832782